쉽게 배우는 중국어

박영종 · 감서원 공저

신아사

머리말

이 교재는 일반적인 틀을 벗어나도록 최대한 노력을 기울였다. 우선적으로 문법 설명을 가능한 배제하고 흥미롭게 따라 읽으면서 자연스레 중국어 회화를 체득하는 데에 역점을 두었다. 또한 지루함을 느끼지 않는 범위 내에서 짧은 용례들을 반복 연습하게 하였으며, 다시 다양한 연습 문제들을 통해 본문 내용을 완전히 소화하도록 배려하였다. 그리고 한자의 읽기와 쓰기를 통해 한자 공부까지 병행할 수 있도록 욕심을 내 보았다.

우리가 중국어 교육의 현장에서 가장 통감하는 점은 기존 교재들의 무미건조함이 학생들의 학습 흥미 유발에 큰 장애가 된다는 사실이다. 본 교재는 이런 문제점을 최대한 극복함으로써 그동안 중국어를 딱딱하고 어렵다고만 느껴왔던 학습자들에게 중국어 학습의 새로운 계기가 될 것으로 감히 기대해본다.

끝으로 이 교재가 나오기까지 도와주신 도서출판 신아사를 비롯한 모든 분들께 감사를 드리며 독자들의 많은 가르침을 바란다.

감서원 · 박영종

目次

1 你我他

生 字

我	(wǒ ; 아)	나
你	(nǐ ; 이)	너
您	(nín ; 이)	너의 높임 말
他	(tā ; 타)	그 사람
她	(tā ; 저)	그 여자
它	(tā ; 타)	저것
们	(men ; 문)	~들 ☞ 們

词 句 (단어와 구)
Cí jù

我 wǒ	我们 wǒ men 우리들
你 nǐ	你们 nǐ men 너희들
您 nín	您们 nín men 여러분
他 tā	他们 tā men 그 사람들
她 tā	她们 tā men 그녀들
它 tā	它们 tā men 저것들

课 文 (본문)
Kè wén

我，我，我，我，我，我们。
Wǒ wǒ wǒ wǒ wǒ wǒ men

你，你，你，你，你，你们。
Nǐ nǐ nǐ nǐ nǐ nǐ men

您，您，您，您，您，您们。
Nín nín nín nín nín nín men

他，他，他，他，他，他们。
Tā tā tā tā tā tā men

她，她，她，她，她，她们。
Tā tā tā tā tā tā men

它，它，它，它，它，它们。
Tā tā tā tā tā tā men

练习 (연습)
Liàn xí

四声 (4성) ˉ ˊ ˇ ˋ ·
sì shēng

a	ā	á	ǎ	à
o	ō	ó	ǒ	ò
i	ī	í	ǐ	ì
u	ū	ú	ǔ	ù
ü	ǖ	ǘ	ǚ	ǜ

읽고 가리켜보세요.

我 wǒ　你 nǐ　你们 nǐ men　他 tā　它 tā

1

반대말끼리 연결하세요.

她们 tā men ·	· 你们 nǐ men
我 wǒ ·	· 他 tā
她 tā ·	· 你 nǐ
我们 wǒ men ·	· 他们 tā men

2 你好!

生字 (새 글자)
Shēng zì

好	(hǎo ; 호)	좋다

词句 (단어와 구)
Cí jù

你好! 안녕하세요! (친구에게)
Nǐ hǎo

您好! 안녕하세요! (어른에게)
Nín hǎo

2

课 文 (본문)
Kè wén

1

你 好!
Nǐ hǎo

你 好!
Nǐ hǎo

2

您好!
Nín hǎo

你好!
Nǐ hǎo

3

您好
Nín hǎo

您好!
Nín hǎo

练 习 (연습)
Liàn xí

● 发 音 (발음) : b, p
Fā yīn

bō	bó	bǒ	bò
pō	pó	pǒ	pò

你 好!

옆의 친구와 얘기해보세요.

A : 你好!
Nǐ hǎo

B : 你好!
Nǐ hǎo

A : 您好!
Nín hǎo

B : 您好!
Nín hǎo

틀린 곳을 옳게 고쳐 쓰세요.

祢						너
奴						좋다
俄						나
扪						들
阤						그 사람

3 您好吗?

生字 (새 글자)
Shēng zì

吗	(ma ; 마)	의문을 나타냄 ☞ 嗎
很	(hěn ; 흔)	매우
也	(yě ; 야)	~도
都	(dōu ; 도)	모두
呢	(ne ; 니)	의문문의 끝에 써서 묻는 말투를 나타냄

词 句 (단어와 구)
Cí jù

你好吗？ Nǐ hǎo ma	안녕하십니까?
您好吗？ Nín hǎo ma	안녕하십니까?(어른에게)
我很好。 Wǒ hěn hǎo	나는 매우 좋습니다。
我也很好。 Wǒ yě hěn hǎo	나도 매우 좋습니다。
我们都很好。 Wǒ men dōu hěn hǎo	우리들은 모두 매우 좋습니다。
你呢？ Nǐ ne	너는? (당신은요?)

课 文 (본문)
Kè wén

1

你好吗？
Nǐ hǎo ma

我很好。
Wǒ hěn hǎo

3

2

你们好吗？
Nǐ men hǎo ma

我们都很好。
Wǒ men dōu hěn hǎo

3

你好吗？
Nǐ hǎo ma

我很好。
Wǒ hěn hǎo

你呢？
Nǐ ne

我也很好。
Wǒ yě hěn hǎo

4

他们好吗？
Tā men hǎo ma

他们都很好。
Tā men dōu hěn hǎo

你呢？
Nǐ ne

我也很好。
Wǒ yě hěn hǎo

练 习 (연습)
Liàn xí

发 音 (발음) : m, f
Fā yīn

mī	mí	mǐ	mì
fū	fú	fǔ	fù

그림을 보고 써넣으세요.

A : 你们好吗？
Nǐ men hǎo ma

B : (　　　　　　)

3

A：你好吗？
Nǐ hǎo ma

B：我很好，你呢？
Wǒ hěn hǎo nǐ ne

A：(　　　　　　)

다음을 읽어보세요.

你
nǐ

你好
nǐ hǎo

你好吗？
nǐ hǎo ma

你也好吗？
nǐ yě hǎo ma

他
tā

他们
tā men

他们很好
tā men hěn hǎo

他们都很好
tā men dōu hěn hǎo

他们也都很好
tā men yě dōu hěn hǎo

4 谢谢!

生字(새 글자)
Shēng zì

谢	(xiè ; 사)	사례하다 ☞ 謝
不	(bù ; 불,부)	아니다 ☞ 일반적으로 4성 앞에서는 2성(bú)으로 변함
客	(kè ; 객)	손님
气	(qì ; 기)	기운 ☞ 氣

4

词句 (단어와 구)
Cí jù

谢谢!　감사합니다!
Xiè xie

谢谢你!　감사합니다!
Xiè xie nǐ

不客气!　천만예요!
Bú kè qi

不谢!　괜찮습니다!
Bú xiè

课文 (본문)
Kè wén

1

谢谢!
Xiè xie

不客气!
Bú kè qi

2

谢谢您!
Xiè xie nín

不谢!
Bú xiè

3

你好吗？
Nǐ hǎo ma

我很好。
Wǒ hěn hǎo

谢谢你，你呢？
Xiè xie nǐ　nǐ ne

我也很好，
Wǒ yě hěn hǎo

谢谢你!
xiè xie nǐ

练习 (연습)
Liàn xí

发音 (발음) : d, t
Fā yīn

dā	dá	dǎ	dà
tū	tú	tǔ	tù

보기 중에서 알맞은 말을 골라 넣으세요.

보기 : 呢 也 吗 我
ne yě ma wǒ

A : 你好(　　)?
Nǐ hǎo

B : (　　)很好。谢谢你! 你(　　)?
hěn hǎo Xiè xie nǐ Nǐ

A : 我(　　)很好。谢谢你!
Wǒ hěn hǎo Xiè xie nǐ

B : 不客气。
Bú kè qi

다음을 읽어보세요.

谢
xiè

谢谢!
xiè xie

谢谢您!
xiè xie nín

很谢谢您!
hěn xiè xie nín

我很谢谢您!
Wǒ hěn xiè xie nín

我也很谢谢您!
Wǒ yě hěn xiè xie nín

不
bú

客气!
kè qi

不客气!
bú kè qi

5 对不起!

生字 (새 글자)
Shēng zì

对	(duì ; 대)	맞다 ☞ 對
起	(qǐ ; 기)	일어나다
没	(méi ; 몰)	없다
关	(guān ; 관)	닫다 ☞ 關
系	(xì ; 계)	관계되다

词句 (단어와 구)
Cí jù

对不起!
Duì bu qǐ
죄송합니다!

没关系
Méi guān xi
괜찮습니다

课 文 (본문)
Kè wén

1

对不起!
Duì bu qǐ

没关系。
Méi guān xi

2

很对不起您!
Hěn duì bu qǐ nín

没关系。
Méi guān xi

练 习 (연습)
Liàn xí

发 音(발음) : n, l
Fā yīn

nā	ná	nǎ	nà
lū	lú	lǔ	lù
na	ni	nu	nü
la	li	lu	lü

보기 중에서 골라 글자를 완성하세요.

보기 : 殳 寸 己 各

氵						
走						
宀						
又						

대화해 보세요.

谢谢你!
Xiè xie nǐ

(　　　　　　)

对不起!
Duì bu qǐ

(　　　　　　)

다음을 읽어보세요.

对
duì

对，对
duì duì

对，对，对
duì duì duì

对
duì

对不起
duì bu qǐ

很对不起
hěn duì bu qǐ

很对不起您
hěn duì bu qǐ nín

没
méi

关系
guān xi

没关系
méi guān xi

6 再见!

生字 (새 글자)
Shēng zì

再	(zài ; 재)	다시
见	(jiàn ; 견)	보다

词句 (단어와 구)
Cí jù

再见! 안녕!
Zài jiàn

6

课 文
Kè wén

1

再见!
Zài jiàn

再见!
Zài jiàn

2

你好吗?
Nǐ hǎo ma

我很好,
Wǒ hěn hǎo

谢谢你!你呢?
xiè xie nǐ Nǐ ne

再见!

我也很好，
Wǒ yě hěn hǎo

谢谢你！再见！
xiè xie nǐ Zài jiàn

不客气。
Bú kè qi

再见！再见！
Zài jiàn Zài jiàn

练 习 (연습)
Liàn xí

发 音 (발음)：g，k，h
Fā yīn

gē	kē	hē
gū	kū	hū
guā	kuā	huā
guō	·	huō

6

무슨 뜻인지 써보세요.

㈠ 谢谢 xiè xie ➡ ____________

㈡ 不客气 bú kè qi ➡ ____________

㈢ 对不起 duì bu qǐ ➡ ____________

㈣ 没关系 méi guān xi ➡ ____________

㈤ 再见 zài jiàn ➡ ____________

다음 말들을 순서대로 맞춰보세요.

① 不客气。再见!再见!
Bú kè qi Zài jiàn Zài jiàn

② 我很好，谢谢你!你呢？
Wǒ hěn hǎo xiè xie nǐ Nǐ ne

③ 你好吗？
Nǐ hǎo ma

④ 我也很好，谢谢你!再见!
Wǒ yě hěn hǎo xiè xie nǐ Zài jiàn

◈ ____________________________

다음을 읽어보세요.

好
hǎo

很好
hěn hǎo

我很好
wǒ hěn hǎo

我很好，谢谢!
wǒ hěn hǎo xiè xie

我很好，谢谢你!
wǒ hěn hǎo xiè xie nǐ

我很好，谢谢你! 你呢？
wǒ hěn hǎo xiè xie nǐ nǐ ne

再
zài

再见
zài jiàn

再见，再见!
zài jiàn zài jiàn

你们，再见，再见!
nǐ men zài jiàn zài jiàn

7 你是谁?

生字 (새 글자)
Shēng zì

是	(shì ; 시)	~이다, 맞다
谁	(shéi ; 수)	누구 ☞ 誰

词句 (단어와 구)
Cí jù

史奴比 스누피
Shǐ nú bǐ

王兰 왕란
Wáng lán

花木兰 뮬란
Huā mù lán

你是谁? 누구십니까?
Nǐ shì shéi

我是×××。 나는×××입니다。
Wǒ shì

课 文 (본문)
Kè wén

1

你是谁？
Nǐ shì shéi

我是史奴比。
Wǒ shì Shǐ nú bǐ

2

他是王兰吗？
Tā shì Wáng lán ma

对，他是王兰。
Duì tā shì Wáng lán

3

A：你好!
Nǐ hǎo

你是谁？
Nǐ shì shéi

B：我是花木兰。
Wǒ shì Huā mù lán

你呢？
Nǐ ne

7

A：我是史奴比。
Wǒ shì Shǐ nú bǐ

他是谁？
Tā shì shéi

B：他是王兰。
Tā shì Wáng lán

A：谢谢，再见！
Xiè xie zài jiàn

B：不客气！
Bú kè qi

再见！再见！
Zài jiàn Zài jiàn

练习（연습）
Liàn xí

发音（발음）：j，q，x
Fā yīn

ji	ju	jia
qi	qu	qia
xi	xu	xia

중국어로 써보세요.

㈠ 당신은 누구입니까?

➡ ____________________

㈡ 나는 王兰입니다。
Wáng lán

➡ ____________________

㈢ 저 사람이 花木兰입니까？
Huā mù lán

➡ ____________________

가리키며 말해보세요.

你
nǐ

你是
nǐ shì

你是谁？
nǐ shì shéi

你，你是__________
nǐ nǐ shì

我
wǒ

我是
wǒ shì

我是谁？
wǒ shì shéi

我，我是＿＿＿＿＿＿
wǒ wǒ shì

他
tā

他是
tā shì

他是谁？
tā shì shéi

他，他是＿＿＿＿＿＿
tā tā shì

8 你叫什么名字?

生字 (새 글자)
Shēng zì

叫	(jiào ; 규)	부르다
名	(míng ; 명)	이름
字	(zì ; 자)	글자

词句 (단어와 구)
Cí jù

什么? 무슨, 무엇
shén me

名字 이름
míng zi

木须 무슈
Mù xū

你叫什么名字? 이름이 무엇입니까?
Nǐ jiào shén me míng zi

8

课 文 (본문)
Kè wén

1

你叫什么名字？
Nǐ jiào shén me míng zi

我叫史奴比。
Wǒ jiào Shǐ nú bǐ

2

他叫什么名字？
Tā jiào shén me míng zi

他叫王兰。
Tā jiào wáng lán

3

A：你叫花木兰吗？
Nǐ jiào Huā mù lán ma

B：对，我叫花木兰。
Duì, wǒ jiào Huā mù lán

A: 它叫史奴比吗？
Tā jiào Shǐ nú bǐ ma

B: 它不叫史奴比，
Tā bú jiào shǐ nú bǐ

它叫木须。
tā jiào Mù xū

练 习 (연습)
Liàn xí

发 音 (발음) : z, c, s
Fā yīn

zī	zí	zǐ	zì
cī	cí	cǐ	cì
sī	sí	sǐ	sì

빈칸을 써넣으세요.

㊀ 我叫＿＿＿＿＿＿＿＿＿＿＿＿＿＿。
Wǒ jiào

㊁ 他叫________________。
Tā jiào

㊂ 你叫________________。
Nǐ jiào

다음을 읽어보세요.

名
míng

名字
míng zi

什么名字？
shén me míng zi

叫什么名字？
jiào shén me míng zi

你叫什么名字？
Nǐ jiào shén me míng zi

你好！ 你叫什么名字？
Nǐ hǎo Nǐ jiào shén me míng zi

你好！ 你叫什么名字？我叫________
Nǐ hǎo Nǐ jiào shén me míng zi Wǒ jiào

줄을 그어 글자를 만들고 써보세요.

亻·	·厶
丿·	·十
夕·	·子
宀·	·口

9 数一数

生字 (새 글자)
Shēng zì

零	(líng ; 영)	0
一	(yī ; 일)	1
二	(èr ; 이)	2
三	(sān ; 삼)	3
四	(sì ; 사)	4
五	(wǔ ; 오)	5
六	(liù ; 육)	6
七	(qī ; 칠)	7
八	(bā ; 팔)	8
九	(jiǔ ; 구)	9
十	(shí ; 십)	10

课 文 (본문)
Kè wén

1

0， 1， 2， 3， 4， 5， 6， 7， 8， 9， 10

零， 一， 二， 三， 四， 五， 六， 七， 八， 九， 十
líng yī èr sān sì wǔ liù qī bā jiǔ shí

10， 9， 8， 7， 6， 5， 4， 3， 2， 1， 0

十， 九， 八， 七， 六， 五， 四， 三， 二， 一， 零
shí jiǔ bā qī liù wǔ sì sān èr yī líng

2

一， 二， 三， 四， 五， 六， 七
yī èr sān sì wǔ liù qī

七， 六， 五， 四， 三， 二， 一
qī liù wǔ sì sān èr yī

二， 三， 四， 五， 六， 七， 八
èr sān sì wǔ liù qī bā

八， 七， 六， 五， 四， 三， 二
bā qī liù wǔ sì sān èr

三， 四， 五， 六， 七， 八， 九
sān sì wǔ liù qī bā jiǔ

九， 八， 七， 六， 五， 四， 三
jiǔ bā qī liù wǔ sì sān

四， 五， 六， 七， 八， 九， 十
sì wǔ liù qī bā jiǔ shí

十， 九， 八， 七， 六， 五， 四
shí jiǔ bā qī liù wǔ sì

■ 练习 (연습)
Liàn xí

● 发音 (발음) : zh, ch, sh, r
Fā yīn

zha	zhe	zhu	zhi
cha	che	chu	chi
sha	she	shu	shi
·	re	ru	ri

● 1부터 10까지 중국어로 말하고 써보세요.

선생님이 숫자를 읽으시면 받아쓰세요.

㊀ ________ ㊁ ________ ㊂ ________ ㊃ ________

㊄ ________ ㊅ ________ ㊆ ________ ㊇ ________

그림을 보고 숫자를 말해보세요.

10 你几岁了?

生字(새 글자)
Shēng zì

几	(jǐ ; 기)	몇 ☞ 幾
岁	(suì ; 세)	나이 ☞ 歲
了	(le ; 료)	동작 또는 변화가 완료되었음을 나타냄

词句(단어와 구)
Cí jù

几岁? Jǐ suì	몇 살입니까? (일반적으로 10세 혹 10세 이하의 아이에게 사용)
你几岁? Nǐ jǐ suì	몇 살입니까?
你几岁了? Nǐ jǐ suì le	몇 살입니까?
我两岁。 Wǒ liǎng suì	나는 두 살입니다。
我两岁了。 Wǒ liǎng suì le	나는 두 살입니다。

课 文 (본문)
Kè wén

1

几？
Jǐ

几岁？
Jǐ suì

你几岁？
Nǐ jǐ suì

你几岁了？
Nǐ jǐ suì le

五。
Wǔ

五岁。
Wǔ suì

我五岁。
Wǒ wǔ suì

我五岁了。
Wǒ wǔ suì le

2

几？
Jǐ

几岁？
Jǐ suì

他几岁？
Tā jǐ suì

他几岁了？
Tā jǐ suì le

八。
Bā

八岁。
Bā suì

他八岁。
Tā bā suì

他八岁了。
Tā bā suì le

3

A：你好!
Nǐ hǎo

B：你好!
Nǐ hǎo

A：你叫什么名字？
Nǐ jiào shén me míng zi

B：我叫史奴比。
Wǒ jiào Shǐ nú bǐ

A：你几岁？
Nǐ jǐ suì

B：我五岁。
Wǒ wǔ suì

A：他几岁了？
Tā jǐ suì le

B：他八岁了。
Tā bā suì le

A：谢谢你!
Xiè xie nǐ

B：不客气!
Bú kè qi

A：再见!
Zài jiàn

B：再见!
Zài jiàn

练习 (연습)
Liàn xí

发音 (발음) : i, u, ü
Fā yīn

yī	yí	yǐ	yì
wū	wú	wǔ	wù
nü	nüe	lü	lüe

묻고 대답해보세요.

A : 你好!
Nǐ hǎo

B : ____________

A : 你叫什么名字?
Nǐ jiào shén me míng zi

B : ____________

A : 你几岁了?
Nǐ jǐ suì le

B : ____________

A : 再见!
Zài jiàn

B : ____________

10

가운데 들어갈 글자는 무엇일까요?

		你	
		几	
我	九		了
		了	

11 你家有几口人?

生字 (새 글자)
Shēng zì

家	(jiā ; 가)	집
有	(yǒu ; 유)	있다
口	(kǒu ; 구)	식구, 입
人	(rén ; 인)	사람

词句 (단어와 구)
Cí jù

你家 nǐ jiā	너의 집
家人 jiā rén	가족
几口人 jǐ kǒu rén	몇 식구?
三口人 sān kǒu rén	세 식구
有几口人? Yǒu jǐ kǒu rén	몇 식구가 있습니까?

11

你家有几口人？ 집에 몇 식구가 있습니까?
Nǐ jiā yǒu jǐ kǒu rén

我家有四口人。 우리 집에는 네 식구가 있습니다。
Wǒ jiā yǒu sì kǒu rén

课 文 (본문)
Kè wén

1

你家
nǐ jiā

你家有
nǐ jiā yǒu

你家有几口人？
Nǐ jiā yǒu jǐ kǒu rén

我家
wǒ jiā

我家有
wǒ jiā yǒu

我家有三口人。
Wǒ jiā yǒu sān kǒu rén

2

她家
tā jiā

她家有
tā jiā yǒu

她家有几口人？
Tā jiā yǒu jǐ kǒu rén

她家
tā jiā

她家有
tā jiā yǒu

她家有五口人。
Tā jiā yǒu wǔ kǒu rén

3

A：你家有几口人？
Nǐ jiā yǒu jǐ kǒu rén

B：我家有三口人。
Wǒ jiā yǒu sān kǒu rén

A：你家人都好吗？
Nǐ jiā rén dōu hǎo ma

B：我家人都很好，谢谢！你家人呢？
Wǒ jiā rén dōu hěn hǎo Xiè xie Nǐ jiā rén ne

A：我家人也都很好，谢谢！
Wǒ jiā rén yě dōu hěn hǎo Xiè xie

B：再见！
Zài jiàn

A：再见！
Zài jiàn

练 习 (연습)
Liàn xí

发 音 (발음) : a, o, e
Fā yīn

bā	pá	mǎ	fà
bō	pó	mǒ	fò
dē	té	ně	lè

빈칸에 알맞은 말을 써넣으세요.

㈠ 你(　　　　) 너의 집
nǐ

㈡ (　　　　)口人? 몇 식구
kǒu rén

㈢ (　　　　)几口人? 몇 식구가 있습니까?
jǐ kǒu rén

㈣ 我家有(　　　　)口人。우리 집에는 세 식구가 있습니다。
Wǒ jiā yǒu kǒu rén

3) 它家有几口人? ________________
Tā jiā yǒu jǐ kǒu rén

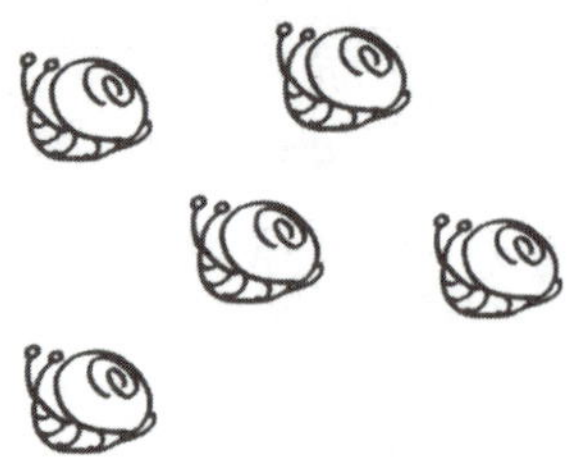

묻고 대답해보세요.

A：你家有几口人？
Nǐ jiā yǒu jǐ kǒu rén

B：________________

A：他家有几口人？
Tā jiā yǒu jǐ kǒu rén

B：________________

12 这是谁?那是谁?

生字 (새 글자)
Shēng zì

这	(zhè ; 저)	이
那	(nà ; 나)	저
爸	(bà ; 파)	아빠
妈	(mā ; 마)	엄마
哥	(gē ; 가)	형, 오빠
姐	(jiě ; 저)	누나, 언니
弟	(dì ; 제)	남동생
妹	(mèi ; 매)	여동생

词 句 (단어와 구)
Cí jù

爸爸 bà ba	아빠
妈妈 mā ma	엄마
哥哥 gē ge	형
姐姐 jiě jie	누나
弟弟 dì di	남동생
妹妹 mèi mei	여동생
这是谁？ Zhè shì shéi	이 사람은 누구입니까?
那是谁？ Nà shì shéi	저 사람은 누구입니까?
这(那)是我爸爸。 Zhè Nà shì wǒ bà ba	이(저)분은 우리 아빠입니다。
这(那)不是我爸爸。 Zhè Nà bú shì wǒ bà ba	이(저)분은 우리 아빠가 아닙니다。

12

课 文 (본문)
Kè wén

1

这是
zhè shì

这是谁？
Zhè shì shéi

这是
zhè shì

这是我妈妈。
Zhè shì wǒ mā ma

2

那是
nà shì

那是你爸爸吗？
Nà shì nǐ bà ba ma

那不是我爸爸，
Nà bú shì wǒ bà ba

那是我哥哥。
nà shì wǒ gē ge

3

A：你家有几口人？
Nǐ jiā yǒu jǐ kǒu rén

B：我家有七口人：爸爸、妈妈、哥哥、姐姐、弟弟、妹妹、我。
Wǒ jiā yǒu qī kǒu rén bà ba mā ma gē ge jiě jie dì di mèi mei wǒ

A：那是谁？
Nà shì shéi

B：那是我哥哥。
Nà shì wǒ gē ge

A：那是你妹妹吗？
Nà shì nǐ mèi mei ma

B：那不是我妹妹，那是我姐姐。
Nà bú shì wǒ mèi mei nà shì wǒ jiě jie

A：你妹妹几岁了？
Nǐ mèi mei jǐ suì le

B：她三岁了。
Tā sān suì le

A：你弟弟呢？
Nǐ dì di ne

B：他八岁了。
Tā bā suì le

练习 (연습)
Liàn xí

发音 (발음) : ai, ei
Fā yīn

bai	pai	mai	·
dai	tai	nai	lai
bei	pei	mei	fei
dei	·	nei	lei

그림을 보고 말해보세요.

这是我____________________
Zhè shì wǒ

这是我____________________
Zhè shì wǒ

这是我____________________
Zhè shì wǒ

这是我______________
Zhè shì wǒ

반대말끼리 연결하세요.

爸爸 · (bà ba)	· 妹妹 (mèi mei)
哥哥 · (gē ge)	· 妈妈 (mā ma)
姐姐 · (jiě jie)	· 你们 (nǐ men)
我们 · (wǒ men)	· 弟弟 (dì di)

묻고 대답해보세요.

A：你家有几口人？
Nǐ jiā yǒu jǐ kǒu rén

B：______________

A：他们是谁？
Tā men shì shéi

B：______________

綜合練習(종합연습)

1

你们好! 我是小明。 我叫李小明。我十岁了。
Nǐ men hǎo Wǒ shì Xiǎomíng Wǒ jiào Lǐ xiǎomíng Wǒ shí suì le

我家有四口人：爸爸、妈妈、弟弟、我。
Wǒ jiā yǒu sì kǒu rén bà ba mā ma dì di wǒ

谢谢! 再见!
Xiè xie Zài jiàn

2

小花：你好吗？
Xiǎo huā Nǐ hǎo ma

小明：我很好，你呢?
Xiǎomíng Wǒ hěn hǎo nǐ ne

小花：我也很好，谢谢!
Xiǎo huā Wǒ yě hěn hǎo xiè xie

你叫什么名字？
Nǐ jiào shén me míng zi

小明：我叫李小明。
Xiǎomíng Wǒ jiào Lǐ xiǎomíng

小花：你几岁了？
Xiǎo huā Nǐ jǐ suì le

小明：我十岁了。
Xiǎomíng Wǒ shí suì le

小花：你家有几口人？
Xiǎo huā Nǐ jiā yǒu jǐ kǒu rén

小明：我家有四口人：爸爸、妈妈、姐姐、我。
Xiǎomíng Wǒ jiā yǒu sì kǒu rén bà ba mā ma jiě jie wǒ

小花：我家有三口人：爸爸、妈妈、我。你姐姐几岁了？
Xiǎo huā Wǒ jiā yǒu sān kǒu rén bà ba mā ma wǒ Nǐ jiě jie jǐ suì le

小明：我姐姐十二岁了。
Xiǎomíng Wǒ jiě jie shí èr suì le

小花：她是谁？
Xiǎo huā Tā shì shéi

小明：她是我妈妈。
Xiǎomíng Tā shì wǒ mā ma

小花：再见!
Xiǎo huā Zài jiàn

小明：再见!
Xiǎomíng Zài jiàn

위 내용과 맞으면 ○ 틀리면 × 하세요

㈠ 小明은 11살입니다.(　　　)
Xiǎomíng

㈡ 小明은 네 식구입니다.(　　　)
Xiǎomíng

㈢ 小花는 언니가 있습니다.(　　　)
Xiǎo huā

㈣ 小明의 누나는 열세 살입니다.(　　　)
Xiǎomíng

13 您早!老师

生字
Shēng zì

早	(zǎo ; 조)	아침
午	(wǔ ; 오)	정오
晚	(wǎn ; 만)	저녁
安	(ān ; 안)	편안하다
老	(lǎo ; 로)	늙다
师	(shī ; 사)	스승 ☞ 師

词句
Cí jù

爷爷 yé ye	할아버지
奶奶 nǎi nai	할머니

老师 lǎo shī	선생님
早! Zǎo	안녕하세요(아침인사)!
早安! Zǎo ān	안녕하세요(아침인사)!
您早! Nín zǎo	안녕하세요(아침인사)!
午安! Wǔ ān	안녕하세요(점심인사)!
晚安! Wǎn ān	안녕하세요(저녁인사)!
小明；小花 Xiǎomíng Xiǎo huā	사람 이름

课 文
Kè wén

1

A：弟弟，早!
Dì di zǎo

B：姐姐，早!
Jiě jie zǎo

2

A：爸爸，早安!
Bà ba zǎo ān

B：早安!
Zǎo ān

3

A：小明，你早！
Xiǎomíng nǐ zǎo

B：小花，你早！
Xiǎo huā nǐ zǎo

4

A：老师，您早！
Lǎo shī nín zǎo

B：早！
Zǎo

5

A：爷爷，午安！
Yé ye wǔ ān

B：午安！
Wǔ ān

A：奶奶，午安！
Nǎi nai wǔ ān

C：小明，午安！
Xiǎomíng wǔ ān

6

A：妈妈，晚安！
Mā ma wǎn ān

B：晚安！
Wǎn ān

A：晚安！哥哥。
Wǎn ān gē ge

C：晚安！
Wǎn ān

练习
Liàn xí

发音：ao，ou
Fā yīn

zhao	chao	shao	rao
zhou	chou	shou	rou
zao	cao	sao	·
zou	cou	sou	·

함께 노래 불러요.

| 5 6 5 4 3　4 5 | 2　3 4 · 3 4 5 |

早安 早安 您 早安 您 早安 您 早安
zǎo ān zǎo ān nín zǎo ān nín zǎo ān nín zǎo ān

午安 午安 你 午安 你 午安 你 午安
wǔ ān wǔ ān nǐ wǔ ān nǐ wǔ ān nǐ wǔ ān

晚安 晚安 妈妈晚安 妈妈晚安 妈妈晚安
wǎn ān wǎn ān mā ma wǎn ān mā ma wǎn ān mā ma wǎn ān

| 5 6 5 4　3　4 5 | 2 5 · 3 1 |

早安 早安 您 早安 老 师 您 早安
zǎo ān zǎo ān nín zǎo ān lǎo shī nín zǎo ān

午安 午安 你 午安 小 明 你 午安
wǔ ān wǔ ān nǐ wǔ ān Xiǎo míng nǐ wǔ ān

晚安 晚安 妈妈晚安 妈 妈 您 晚安
wǎn ān wǎn ān mā ma wǎn ān mā ma nín wǎn ān

다음 글자들을 써보고 몇 획인지 말해보세요.

早 zǎo						6획
晚 wǎn						
午 wǔ						
老 lǎo						
安 ān						

14 您身体好吗?

生字
Shēng zì

身	(shēn ; 신)	몸
体	(tǐ ; 체)	몸 ☞ 體

词句
Cí jù

身体 shēn tǐ　몸

您身体好吗？ Nín shēn tǐ hǎo ma　건강하십니까?

我身体很好。 Wǒ shēn tǐ hěn hǎo　매우 건강합니다。

课 文
Kè wén

1

A：您身体好吗？
Nín shēn tǐ hǎo ma

B：我身体很好，谢谢你!
Wǒ shēn tǐ hěn hǎo xiè xie nǐ

2

A：老师，您身体好吗？
Lǎo shī Nín shēn tǐ hǎo ma

B：我身体很好，你呢？
Wǒ shēn tǐ hěn hǎo Nǐ ne

A：我身体也很好，谢谢您!
Wǒ shēn tǐ yě hěn hǎo xiè xie nín

3

A：小明，你身体好吗？
Xiǎomíng　nǐ shēn tǐ hǎo ma

B：我身体很好，谢谢你！
Wǒ shēn tǐ hěn hǎo　xiè xie nǐ

A：你爷爷、奶奶身体好吗？
Nǐ yé ye　nǎi nai shēn tǐ hǎo ma

B：他们身体也很好。
Tā men shēn tǐ yě hěn hǎo

小花，你爸爸、妈妈身体好吗？
Xiǎo huā　nǐ Bà ba　mā ma shēn tǐ hǎo ma

C：他们身体都很好，谢谢！
Tā men shēn tǐ dōu hěn hǎo　xiè xie

练　习
Liàn　xí

发　音：an，en，in，un
Fā　yīn

ban	pan	man	fan
ben	pen	men	fen
jin	qin	xin	·
gun	kun	hun	·

맞는 글자에 동그라미 하세요.

㈠ 您身体好(吗 ， 呢)?
Nín shēn tǐ hǎo ma ne

㈡ 老(师 ， 狮), 您身体好吗？
Lǎo shī shī nín shēn tǐ hǎo ma

㈢ 他们身体(睹 ， 都)很好。
Tā men shēn tǐ dǔ dōu hěn hǎo

㈣ 我身体很好, 你(吗 ， 呢)?
Wǒ shēn tǐ hěn hǎo nǐ ma ne

묻고 대답해보세요.

㈠ 小明：小花, 你身体＿＿＿＿＿＿＿?
Xiǎomíng Xiǎo huā nǐ shēn tǐ

小花：＿＿＿＿＿＿＿＿＿＿, 谢谢!
Xiǎo huā xiè xie

小明：你妈妈也好吗？
Xiǎomíng Nǐ mā ma yě hǎo ma

小花：＿＿＿＿＿＿＿＿。我们＿＿＿＿＿＿＿＿。
Xiǎo huā Wǒ men

㈡ 小花：妈妈，您身体好吗？
Xiǎo huā　Mā ma　nín shēn tǐ hǎo ma

妈妈：＿＿＿＿＿＿＿＿＿＿。
Mā ma

小花：爸爸＿＿＿＿＿＿？
Xiǎo huā　Bà ba

妈妈：他也很好。
Mā ma　Tā yě hěn hǎo

㈢ 小花：小明，你爸爸、妈妈身体好吗？
Xiǎo huā　Xiǎomíng　nǐ bà ba　mā ma shēn tǐ hǎo ma

小明：＿＿＿＿＿＿＿＿＿很好，谢谢你!
Xiǎomíng　hěn hǎo　xiè xie nǐ

중국어로 써보세요.

㈠ 건강하십니까?

➡ ＿＿＿＿＿＿＿＿＿＿＿＿＿＿＿＿

㈡ 저는 매우 건강합니다.

➡ ＿＿＿＿＿＿＿＿＿＿＿＿＿＿＿＿

㈢ 우리들은 모두 건강합니다.

➡ ＿＿＿＿＿＿＿＿＿＿＿＿＿＿＿＿

㈣ 아빠 엄마도 건강하십니까?

➡ ＿＿＿＿＿＿＿＿＿＿＿＿＿＿＿＿

15 我感冒了

生字
Shēng zì

感	(gǎn ; 감)	느끼다
冒	(mào ; 모)	무릅쓰다
太	(tài ; 태)	매우

词句
Cí jù

感冒 ; 感冒了 gǎn mào gǎn mào le	감기 걸리다
不好 bù hǎo	좋지 않다
不太好 bú tài hǎo	그다지 좋지 않다

15

课 文
Kè wén

1

A：你妈妈身体好吗？
Nǐ mā ma shēn tǐ hǎo ma

B：她身体不太好，她感冒了。
Tā shēn tǐ bú tài hǎo tā gǎn mào le

2

A：你身体好吗？
Nǐ shēn tǐ hǎo ma

B：我身体不好。我感冒了。你呢？
Wǒ shēn tǐ bù hǎo Wǒ gǎn mào le Nǐ ne

A：我身体很好，谢谢！
Wǒ shēn tǐ hěn hǎo xiè xie

3

A：你身体好吗？
Nǐ shēn tǐ hǎo ma

B：我身体不太好。
Wǒ shēn tǐ bú tài hǎo

A：你感冒了吗？
Nǐ gǎn mào le ma

B：对，我感冒了。
Duì Wǒ gǎn mào le

A：我身体也不太好，我也感冒了。
Wǒ shēn tǐ yě bú tài hǎo wǒ yě gǎn mào le

B：你哥哥、姐姐身体都好吗？
Nǐ gē ge jiě jie shēn tǐ dōu hǎo ma

A：他们身体也都不太好，他们也都感冒了。
Tā men shēn tǐ yě dōu bú tài hǎo tā men yě dōu gǎn mào le

练习
Liàn xí

发音：ang, eng, ing, ong
Fā yīn

bang	pang	mang	fang
deng	teng	neng	leng
jing	qing	xing	·
zong	cong	song	·

다음 글자들의 획수를 쓰고 맞는 것끼리 이어 단어를 만드세요.

感( ) · gǎn	· 安( ) ān
身( ) · shēn	· 冒( ) mào
早( ) · zǎo	· 体( ) tǐ

묻고 대답해보세요.

1

小花：小明，你奶奶身体好吗？
Xiǎohuā　Xiǎomíng　nǐ nǎi nai shēn tǐ hǎo ma

小明：＿＿＿＿＿＿，她感冒了。
Xiǎomíng　tā gǎn mào le

2

小花：你身体好吗？
Xiǎohuā　Nǐ shēn tǐ hǎo ma

小明：＿＿＿＿＿＿，我感冒了。
Xiǎomíng　wǒ gǎn mào le

＿＿＿＿＿＿？

小花：我身体也＿＿＿＿＿＿。
Xiǎohuā　Wǒ shēn tǐ yě

我也＿＿＿＿＿＿。
Wǒ yě

다음을 읽어보세요.

他
tā

他感冒
tā gǎn mào

他感冒了
tā gǎn mào le

他们感冒了
tā men gǎn mào le

他们都感冒了
tā men dōu gǎn mào le

他们也都感冒了
Tā men yě dōu gǎn mào le

16 您吃过饭了吗?

生字
Shēng zì

吃	(chī ; 흘)	먹다
饭	(fàn ; 반)	밥 ☞ 飯
过	(guò ; 과)	동작의 완료나 과거의 경험을 나타냄 ☞ 過
还	(hái ; 환)	아직 ☞ 還

词句
Cí jù

早饭 zǎo fàn	아침 밥
午饭 wǔ fàn	점심 밥
晚饭 wǎn fàn	저녁 밥

吃饭 chī fàn	밥을 먹다
吃过；吃了；吃过了 chī guo / chī le / chī guo le	먹었다
吃过饭；吃了饭 chī guo fàn / chī le fàn	밥을 먹었다
没吃 méi chī	안 먹었다
还没有 hái méi yǒu	아직～하지 않다
还没吃；还没有吃 hái méi chī / hái méi yǒu chī	아직 안 먹었다

您吃过饭了吗？ 你吃了饭了吗？ 你吃饭了吗？
Nín chī guo fàn le ma / Nǐ chī le fàn le ma / Nǐ chī fàn le ma

밥을 먹었습니까?

课 文
Kè wén

1

A：老师，您吃过早饭了吗？
Lǎo shī, nín chī guo zǎo fàn le ma

B：吃过了，你呢？
Chī guo le, nǐ ne

A：我也吃过了。
Wǒ yě chī guo le

2

A：您吃了午饭了吗？
Nín chī le wǔ fàn le ma

B：吃了，你呢？
Chī le nǐ ne

A：我也吃了。
Wǒ yě chī le

3

A：小明，你吃晚饭了吗？
Xiǎomíng nǐ chī wǎn fàn le ma

B：吃过了，你呢？
Chī guo le nǐ ne

A：我也吃过了，谢谢你!
Wǒ yě chī guo le xiè xie nǐ

B：你妈妈吃了晚饭了吗？
nǐ mā ma chī le wǎn fàn le ma

A：她还没吃，你妈妈呢？
Tā hái méi chī nǐ mā ma ne

B：她也还没有吃。
Tā yě hái méi yǒu chī

练习
Liàn xí

发音：ie, iou, ia
Fā yīn

die	tie	nie	lie
diu	·	niu	liu
jia	qia	xia	·

다음 글자들을 순서대로 맞춰보세요.

㈠ 吃，饭，了，过，您，吗
chī fàn le guo nín mà

➡ ______________________

(밥을 먹었습니까?)

㈡ 我，吃，有，没，还，过
wǒ chī yǒu méi hái guo

➡ ______________________

(나는 아직 밥을 먹지 않았습니다)

묻고 대답해보세요.

1

A：小明，你吃了早饭了吗？
Xiǎomíng nǐ chī le zǎo fàn le ma

B：__________，你呢？
nǐ ne

A：我也吃了，谢谢你!
Wǒ yě chī le xiè xie nǐ

2

A：你吃过晚饭了吗？
Nǐ chī guo wǎn fàn le ma

B：__________，你呢？
nǐ ne

A：我也还没吃过。
Wǒ yě hái méi chī guo

다음을 읽어보세요.

吃
chī

没吃
méi chī

还没吃
hái méi chī

还没有吃
hái méi yǒu chī

吃
chī

吃饭
chī fàn

吃了饭
chī le fàn

吃了饭了
chī le fàn le

吃了饭了吗？
chī le fàn le ma

您吃了饭了吗？
Nín chī le fàn le ma

17 他们是谁?

生字
Shēng zì

朋	(péng ; 붕)	친구
友	(yǒu ; 우)	친구
同	(tóng ; 동)	같다
学	(xué ; 학)	배우다 ☞ 學
和	(hé ; 화)	～과

词句
Cí jù

朋友 péng you	친구
同学 tóng xué	같이 공부하는 친구
他们是谁？ Tā men shì shéi	그들은 누구입니까?
他们是我朋友。 Tā men shì wǒ péng you	그들은 나의 친구입니다。
他们是我姐姐和我哥哥。 Tā men shì wǒ jiě jie hé wǒ gē ge	그들은 나의 누나와 형입니다。

课 文
Kè wén

1

A：他们是谁？
Tā men shì shéi

B：他们是我姐姐和我哥哥。
Tā men shì wǒ jiě jie hé wǒ gē ge

2

A：他们是谁？
Tā men shì shéi

B：他们是我弟弟和妹妹。
Tā men shì wǒ dì di hé mèi mei

3

A：他们是谁？
Tā men shì shéi

B：他们是我同学。
Tā men shì wǒ tóng xué

A：他们是谁？
Tā men shì shéi

B：他们是我朋友。
Tā men shì wǒ péng you

A：他们是谁？
Tā men shì shéi

B：他们是我老师。
Tā men shì wǒ lǎo shī

练习
Liàn xí

发音：iang, uai
Fā yīn

jiang	qiang	xiang
guai	kuai	huai

다음 글자들의 획수를 쓰고 맞는 것끼리 이어 단어를 만드세요.

老( ) · (lǎo)	· 学( ) (xué)
同( ) · (tóng)	· 师( ) (shī)
朋( ) · (péng)	· 友( ) (yǒu)

다음을 읽어보세요.

你
nǐ

你们
nǐ men

你们是
nǐ men shì

你们是同学
Nǐ men shì tóng xué

你们是同学吗？
Nǐ men shì tóng xué ma

他
tā

他们
tā men

他们是
tā men shì

他们是我老师
Tā men shì wǒ lǎo shī

他们是我老师和朋友
Tā men shì wǒ lǎo shī hé péng you

노래와 놀이

剪刀 石头 布
jiǎn dāo shí tou bù

‖5 1̇ 1̇ 3̇ | 1̇ 5 3̇ 3̇ |
好 朋 友 我 们 敬 个 礼
hǎo péng you wǒ men jìng ge lǐ

| 5̇ 3̇ 1̇ 3̇ 2̇ 1̇ 2̇ |
握 握手 呀 来 猜 拳
wò wo shǒu ya lái cāi quán

| 5̇ 5̇ 5̇ | 3̇ 6̇ 6̇ 6̇ |
石 头 布 看 谁 赢
shí tou bù kàn shéi yíng

| 5̇ 3̇ 4̇ 2̇ 1̇ | 1̇ 1̇ 1̇ 1̇ ‖
输 了就 要 跟 我 走 走 走
shū le jiù yào gēn wǒ zǒu zǒu zǒu

18 请问...

生字
Shēng zì

请	(qǐng ; 청)	청하다 ☞ 請
问	(wèn ; 문)	묻다 ☞ 問
李	(lǐ ; 이)	성
朴	(piáo ; 박)	성
金	(jīn ; 김)	성

词句
Cí jù

请问 qǐng wèn	말씀 좀 여쭙겠습니다
李小明 Lǐ xiǎomíng	사람 이름
朴小花 Piáoxiǎo huā	사람 이름
金老师 Jīn lǎo shī	김 선생님(교수님)

18

课 文
Kè wén

1

A：请问，你是谁？
Qǐng wèn nǐ shì shéi

B：我是李小明。
Wǒ shì Lǐ xiǎomíng

A：请问，他是谁？
Qǐng wèn tā shì shéi

B：他是金老师。
Tā shì Jīn lǎo shī

A：请问，他们是谁？
Qǐng wèn tā men shì shéi

B：他们是我朋友。
Tā men shì wǒ péng you

A：请问，她们是谁？
Qǐng wèn tā men shì shéi

B：她们是我同学。
Tā men shì wǒ tóng xué

2

A：请问，你叫什么名字？
Qǐng wèn nǐ jiào shén me míng zi

B：我叫朴小花。
Wǒ jiào Piáo xiǎo huā

A：你几岁？
Nǐ jǐ suì

B：我九岁。
Wǒ jiǔ suì

A：你家有几口人？
Nǐ jiā yǒu jǐ kǒu rén

B：我家有十口人。
Wǒ jiā yǒu shí kǒu rén

A：请问，您吃过早饭了吗？
Qǐng wèn nín chī guo zǎo fàn le ma

B：吃过了。
Chī guo le

练习
Liàn xí

发音：uei, uan, uang
Fā yīn

zhui	chui	shui	rui
guan	kuan	huan	·
zhuang	chuang	shuang	·

다음 중 사람과 관련된 단어들에 동그라미하세요.

老师 lǎo shī　谢谢 xiè xie　朋友 péng you　不客气 bú kè qi

同学 tóng xué　早饭 zǎo fàn　再见 zài jiàn

午饭 wǔ fàn　晚饭 wǎn fàn　身体 shēn tǐ　感冒 gǎn mào

家 jiā　没关系 méi guān xi　对不起 duì bu qǐ

앞의 글자와 연결하여 단어를 두개씩 써보세요.

㊀ 几 jǐ ➡ (　　　　,　　　　)

㊁ 没 méi ➡ (　　　　,　　　　)

㊂ 晚 wǎn ➡ (　　　　,　　　　)

请问 뒤에 아는 말들을 써보세요.
qǐng wèn

请问，________________?
Qǐng wèn

请问，________________?
Qǐng wèn

请问，________________?
Qǐng wèn

请问，________________?
Qǐng wèn

오른 쪽을 보고 질문해보세요.

㈠ (请问，　　　　　　) ➡ 我叫朴小花。
Qǐng wèn　　　　　　Wǒ jiào Piáo xiǎo huā

㈡ (请问，　　　　　　) ➡ 他六岁。
Qǐng wèn　　　　　　Tā liù suì

㈢ (请问，　　　　　　) ➡ 他们家有四口人。
Qǐng wèn　　　　　　Tā men jiā yǒu sì kǒu rén

㈣ (请问，　　　　　　) ➡ 她们是我朋友。
Qǐng wèn　　　　　　Tā men shì wǒ péng you

19 这是什么?那是什么?

生字
Shēng zì

书	(shū ; 서)	책 ☞ 書
包	(bāo ; 포)	가방
笔	(bǐ ; 필)	연필 ☞ 筆
记	(jì ; 기)	기록하다 ☞ 記
本	(běn ; 본)	근본
花	(huā ; 화)	꽃
草	(cǎo ; 초)	풀
树	(shù ; 수)	나무 ☞ 樹
车	(chē ; 거)	차 ☞ 車

词 句
Cí jù

书；书本 shū shū běn	책
书包 shū bāo	책가방
笔记本 bǐ jì běn	노트
汽车 qì chē	자동차
公车(公共汽车) gōng chē gōnggòng qì chē	시내버스
这是什么？ Zhè shì shén me	이것은 무엇입니까?
这是书。 Zhè shì shū	이것은 책입니다。
那是什么？ Nà shì shén me	저것은 무엇입니까?
那是树。 Nà shì shù	저것은 나무입니다。

课 文
Kè wén

1

A：这是什么？
Zhè shì shén me

B：这是书。
Zhè shì shū

A：这是什么？
Zhè shì shén me

B：这是笔。
Zhè shì bǐ

A：这是花吗？
Zhè shì huā ma

B：这不是花，这是笔记本。
Zhè bú shì huā Zhè shì bǐ jì běn

2

A：那是什么？
Nà shì shén me

B：那是草。
Nà shì cǎo

A：那是什么？
Nà shì shén me

B：那是树。
Nà shì shù

A：那是什么？
Nà shì shén me

B：那是汽车。
Nà shì qì chē

A：那是什么？
Nà shì shén me

B：那是公车。
Nà shì gōng chē

练习
Liàn xí

发音：iao, ian / üan, ün
Fā yīn

diao	tiao	niao	liao
jian	qian	xian	·

juan	quan	xuan	·
jun	qun	xun	·

19

맞는 것끼리 연결하세요.

他是谁？
Tā shì shéi

那是笔吗？
Nà shì bǐ ma

这是书。
Zhè shì shū

这是花。
Zhè shì huā

다음 글자들의 부수에 동그라미 하세요.

笔 ☞ (竹 毛)

树 ☞ (木 寸)

本 ☞ (木 一)

草 ☞ (艹 十)

읽기 연습

花是花，草是草
huā shì huā cǎo shì cǎo

树是树，书是书
shù shì shù shū shì shū

汽车是汽车
qì chē shì qì chē

公车是公车
gōng chē shì gōng chē

花不是草
huā bú shì cǎo

树不是书
shù bú shì shū

汽车不是公车
qì chē bú shì gōng chē

20 九万九千九百九十九

生字
Shēng zì

百	(bǎi ; 백)	백
千	(qiān ; 천)	천
万	(wàn ; 만)	만 ☞ 萬
两	(liǎng ; 양)	둘 ☞ 兩

课文
Kè wén

1

十一 shí yī	十二 shí èr	十三 shí sān
十四 shí sì	十五 shí wǔ	十六 shí liù
十七 shí qī	十八 shí bā	十九 shí jiǔ
二十 èr shí	三十 sān shí	四十 sì shí
五十 wǔ shí	九十 jiǔ shí	九十九 jiǔ shí jiǔ

2

一百 二百 三百
yì bǎi èr bǎi sān bǎi

四千 五千 六千
sì qiān wǔ qiān liù qiān

七万 八万 九万
qī wàn bā wàn jiǔ wàn

一百零一
yì bǎi líng yī

一百一 一百一十
yì bǎi yī yì bǎi yī shí

两千三 两千三百
liǎng qiān sān liǎng qiān sān bǎi

八千六百二十一
bā qiān liù bǎi èr shí yī

九万九千九百九十九
Jiǔ wàn jiǔ qiān jiǔ bǎi jiǔ shí jiǔ

练习
Liàn xí

发音：iong, er
Fā yīn

jiong	qiong	xiong
er	·	·

20

다음 숫자를 한자로 써보세요.

㊀ 25 ➡ ________________

㊁ 310 ➡ ________________

㊂ 501 ➡ ________________

㊃ 7005 ➡ ________________________

㊄ 6589 ➡ ________________________

㊅ 83251 ➡ ____________________________________

크기를 비교하세요.

㊀ 三百二十(>)三百零二
sān bǎi èr shí　　sān bǎi líng èr

㊁ 一千(　　)一千一百
yì qiān　　yì qiān yì bǎi

㊂ 二百五(　　)二百五十
èr bǎi wǔ　　èr bǎi wǔ shí

㊃ 九百九十九(　　)九百九十七
jiǔ bǎi jiǔ shí jiǔ　　jiǔ bǎi jiǔ shí qī

㊄ 两万五千三(　　)两万五千零三
liǎng wàn wǔ qiān sān　　liǎng wàn wǔ qiān líng sān

선생님이 숫자를 읽으시면 받아쓰세요.

㈠ ______________________ ㈡ ______________________

㈢ ______________________ ㈣ ______________________

㈤ ______________________ ㈥ ______________________

구구단을 중국어로 읽어보세요.

2×1=2	3×1=3	4×1=4	5×1=5
2×2=4	3×2=6	4×2=8	5×2=10
2×3=6	3×3=9	4×3=12	5×3=15
2×4=8	3×4=12	4×4=16	5×4=20
2×5=10	3×5=15	4×5=20	5×5=25
2×6=12	3×6=18	4×6=24	5×6=30
2×7=14	3×7=21	4×7=28	5×7=35
2×8=16	3×8=24	4×8=32	5×8=40
2×9=18	3×9=27	4×9=36	5×9=45

6×1=6	7×1=7	8×1=8	9×1=9
6×2=12	7×2=14	8×2=16	9×2=18
6×3=18	7×3=21	8×3=24	9×3=27
6×4=24	7×4=28	8×4=32	9×4=36
6×5=30	7×5=35	8×5=40	9×5=45
6×6=36	7×6=42	8×6=48	9×6=54
6×7=42	7×7=49	8×7=56	9×7=63
6×8=48	7×8=56	8×8=64	9×8=72
6×9=54	7×9=63	8×9=72	9×9=81

21 你哥哥多大了?

生字
Shēng zì

多	(duō ; 다)	많다
大	(dà ; 대)	크다

词句
Cí jù

大哥 dà gē	큰형, 큰오빠
二哥 èr gē	둘째 형, 둘째 오빠
大姐 dà jiě	큰누나, 큰언니
二姐 èr jiě	둘째 누나, 둘째 언니
大弟 dà dì	큰 남동생
二弟 èr dì	둘째 남동생
大妹 dà mèi	큰 여동생

21

二妹　둘째 여동생
èr mèi

你多大了？ 몇 살인가요?
Nǐ duō dà le
(대개 같은 나이나 10세 이상에 사용)

你哥哥多大了？ 당신의 형은 몇 살입니까?
Nǐ gē ge duō dà le

课文
Kè wén

1

A：你多大了？
Nǐ duō dà le

B：我十二岁了。
Wǒ shí èr suì le

A：你大哥多大了？
Nǐ dà gē duō dà le

B：我大哥二十二岁了。
Wǒ dà gē èr shí èr suì le

A：你二哥多大了？
Nǐ èr gē duō dà le

B：他十六岁了。
Tā shí liù suì le

A：你大弟多大了？
Nǐ dà dì duō dà le

B：他十三岁了。
Tā shí sān suì le

A：你二弟多大了？
Nǐ èr dì duō dà le

B：他九岁了。
Tā jiǔ suì le

2

A：你大姐多大了？
Nǐ dà jiě duō dà le

B：她十八岁了。
Tā shí bā suì le

A：你二姐多大了？
Nǐ èr jiě duō dà le

B：她十七岁了。
Tā shí qī suì le

A：你大妹多大了？
Nǐ dà mèi duō dà le

B：她十一岁了。
Tā shí yī suì le

A：你二妹多大了？
Nǐ èr mèi duō dà le

B：她十岁了。
Tā shí suì le

练习
Liàn xí

发音：ua, uo
Fā yīn

zhua	chua	shua
zuo	cuo	suo

다음 중 틀린 부분을 찾아보세요.

你好! 我十四岁了，哥哥二十岁了，大姐十八岁了，
Nǐ hǎo Wǒ shí sì suì le gē ge èr shí suì le dà jiě shí bā suì le

二姐十九岁了，大妹十三岁了，二妹十二岁了，弟弟九岁了。
èr jiě shí jiǔ suì le dà mèi shí sān suì le èr mèi shí èr suì le dì di jiǔ suì le

누가 더 큰가요.

大哥(　　　)二哥
dà gē èr gē

二姐(　　　)三姐
èr jiě sān jiě

大弟(　　　)二弟
dà dì èr dì

大妹(　　　)二妹
dà mèi èr mèi

다음을 읽어보세요.

四是四
sì shì sì

四是四
sì shì sì

十是十
shí shì shí

十四是十四
shí sì shì shí sì

四十是四十
sì shí shì sì shí

四十四是四十四
sì shí sì shì sì shí sì

四不是十
sì bú shì shí

十不是四
shí bú shì sì

十四不是四十
shí sì bú shì sì shí

四十四还是四十四
sì shí sì hái shì sì shí sì

22 你爸爸多大岁数了?

生字
Shēng zì

数	(shù ; 수)	수 ☞ 數
外	(wài ; 외)	바깥

词句
Cí jù

岁数 suì shù	연세
外婆 wài pó	외할머니
外公 wài gōng	외할아버지
您多大岁数了? nín duō dà suì shu le	연세가 어떻게 되시나요? (어른에게)
您爸爸多大岁数了? Nín bà ba duō dà suì shu le	아버지 연세가 어떻게 되시나요?

课文
Kè wén

1

A：你爸爸多大岁数了？
Nǐ bà ba duō dà suì shu le

B：他四十八岁了。
Tā sì shí bā suì le

A：你妈妈多大岁数了？
Nǐ mā ma duō dà suì shu le

B：我妈妈四十三岁了。
Wǒ mā ma sì shí sān suì le

2

A：你外公多大岁数了？
Nǐ wài gōng duō dà suì shu le

B：我外公六十七岁了。
Wǒ wài gōng liù shí qī suì le

A：你外婆多大岁数了？
Nǐ wài pó duō dà suì shu le

B：她六十二岁了。
Tā liù shí èr suì le

3

A：你几岁了？
Nǐ jǐ suì le

B：我十岁了。
Wǒ shí suì le

A：你姐姐多大了？
Nǐ jiě jie duō dà le

B：她十八岁了。
Tā shí bā suì le

A：金老师多大岁数了？
Jīn lǎo shī duō dà suì shu le

B：她四十四岁了。
Tā sì shí sì suì le

A：金老师妈妈多大岁数了？
Jīn lǎo shī mā ma duō dà suì shu le

B：她七十岁了。
Tā qī shí suì le

练 习
Liàn xí

发 音
Fā yīn

yi	ya	ye	yao	you
yan	yin	yang	ying	yong

가운데 들어갈 글자는 무엇일까요?

您
多
你 多 □ 了
岁
数
了

他
们
这 □ 书
谁

22

보기 중에서 골라 글자를 완성하세요.

보기 : 夕 卜 化 夂 白

山						
一						
夕						
艹						
娄						

묻고 대답해보세요.

A：你爸爸、妈妈多大岁数了？
Nǐ bà ba mā ma duō dà suì shu le

B：________________

A：您外公多大岁数了？
Nín wài gōng duō dà suì shu le

B：________________

A：你哥哥、姐姐多大了？
Nǐ gē ge jiě jie duō dà le

B：________________

A：你弟弟、妹妹几岁了？
Nǐ dì di mèi mei jǐ suì le

B：________________

23 大与小

生字
Shēng zì

阳	(yáng ; 양)	태양 ☞ 陽
星	(xīng ; 성)	별
月	(yuè ; 월)	달, 월
亮	(liàng ; 양)	밝다
小	(xiǎo ; 소)	작다

词句
Cí jù

太阳 tài yáng	태양	大太阳 dà tài yáng	큰 태양
月亮 yuè liang	달	大月亮 dà yuè liang	큰 달
星星 xīng xing	별	小星星 xiǎo xīng xing	작은 별

大树 dà shù	큰 나무
小花 xiǎo huā	작은 꽃
小草 xiǎo cǎo	작은 풀
大书包 dà shū bāo	큰 책가방
小书包 xiǎo shū bāo	작은 책가방
小哥 xiǎo gē	작은 형, 작은 오빠
小姐 xiǎo jiě	작은 누나, 작은 언니
小弟 xiǎo dì	작은 남동생 ; 大弟 (dà dì) 큰 남동생
小妹 xiǎo mèi	작은 여동생 ; 大妹 (dà mèi) 큰 여동생

课文
Kè wén

1

A: 这是小花吗？
Zhè shì xiǎo huā ma

B: 不是，这是大树。
Bú shì Zhè shì dà shù

A: 这是大太阳吗？
Zhè shì dà tài yáng ma

B: 不是，这是小草。
Bú shì Zhè shì xiǎo cǎo

2

A：那是什么？
Nà shì shén me

B：那是小星星。
Nà shì xiǎoxīngxing

A：那是什么？
Nà shì shén me

B：那是大月亮。
Nà shì dà yuè liang

A：那是什么？
Nà shì shén me

B：那是大书包。
Nà shì dà shū bāo

A：那是什么？
Nà shì shén me

B：那是小书包。
Nà shì xiǎo shū bāo

3

A：她们是谁？
Tā men shì shéi

B：她们是我大妹和小妹。
Tā men shì wǒ dà mèi hé xiǎo mèi

A：他们是谁？
Tā men shì shéi

B：他们是我大弟和小弟。
Tā men shì wǒ dà dì hé xiǎo dì

A：他们是谁？
Tā men shì shéi

B：他们是我小哥和小姐。
Tā men shì wǒ xiǎo gē hé xiǎo jiě

练习
Liàn xí

发音
Fā yīn

wu	wa	wo	wai
wei	wan	wen	wang

다음 글자들을 써보고 몇 획인지 말해보세요.

阳 yáng						12획
星 xīng						
月 yuè						
亮 liàng						
和 hé						

23

다음 중 하늘에 떠 있는 것들에 동그라미 하세요.

太阳 tài yáng	小草 xiǎo cǎo	小花 xiǎo huā
大书包 dà shū bāo	星 xīng	汽车 qì chē
月亮 yuè liang	外公 wài gōng	笔记本 bǐ jì běn

함께 노래불러요.

小星星
xiǎoxīngxing

‖ 1 1 5 5 6 6 5 | 4 4 3 3 2 2 1 |
一 闪 一 闪 亮晶 晶 满 天 都是 小星 星
yì shǎn yì shǎn liàng jīng jīng mǎn tiān dōu shì xiǎoxīng xing

| 5 5 4 4 3 3 2 | 5 5 4 4 3 3 2 |
高 挂 天 空 放光 明 好 象许 多 小 眼 睛
gāo guà tiān kōng fàngguāng míng hǎo xiàng xǔ duō xiǎo yǎn jīng

| 1 1 5 5 6 6 5 | 4 4 3 3 2 2 1 ‖
一 闪一 闪亮晶 晶 满天 都 是小星 星
yì shǎn yì shǎnliàng jīng jīng mǎn tiān dōu shì xiǎoxīng xing

24 多与少

生字
Shēng zì

少	(shǎo ; 소)	적다
男	(nán ; 남)	남자
女	(nǚ ; 여)	여자
班	(bān ; 반)	반

词句
Cí jù

男朋友 ; 女朋友 nán péng you nǚ péng you	남자(여자)친구
男同学 ; 女同学 nán tóng xué nǚ tóng xué	남자(여자)학우
男老师 ; 女老师 nán lǎo shī nǚ lǎo shī	남자(여자)선생님

没有 méi yǒu	없다
很多 hěn duō	매우 많다
没有很多 méi yǒu hěn duō	매우 많지 않다
很少 hěn shǎo	매우 적다
不多 bù duō	많지 않다
不太多 bú tài duō	그다지 많지 않다
不少 bù shǎo	적지 않다
不太少 bú tài shǎo	그다지 적지 않다
我有不少笔。 Wǒ yǒu bù shǎo bǐ	나는 적지 않은 펜이 있습니다.
我有很多女同学。 Wǒ yǒu hěn duō nǚ tóng xué	나는 매우 많은 여자 학우가 있습니다.

课文
Kè wén

1

A：你有男朋友吗？
Nǐ yǒu nán péng you ma

B：我有男朋友。
Wǒ yǒu nán péng you

A：你有女朋友吗？
Nǐ yǒu nǚ péng you ma

B：我没有女朋友。
Wǒ méi yǒu nǚ péng you

2

A：你有很多笔吗？
Nǐ yǒu hěn duō bǐ ma

B：我没有很多笔，你呢？
Wǒ Méi yǒu hěn duō bǐ nǐ ne

A：我有不少笔。
Wǒ yǒu bù shǎo bǐ

B：你有很多书吗？
Nǐ yǒu hěn duō shū ma

A：不太多，你呢？
Bú tài duō nǐ ne

B：不太少。
Bú tài shǎo

3

A：你们班有很多女同学吗？
Nǐ men bān yǒu hěn duō nǚ tóng xué ma

B：我们班有很多女同学，也有很多男同学。你们班呢？
Wǒ men bān yǒu hěn duō nǚ tóng xué yě yǒu hěn duō nán tóng xué Nǐ men bān ne

A：我们班女同学不多，男同学也很少。
Wǒ men bān nǚ tóng xué bù duō nán tóng xué yě hěn shǎo

4

A：你有很多老师吗？
Nǐ yǒu hěn duō lǎo shī ma

B：我有很多老师。
Wǒ yǒu hěn duō lǎo shī

我有很多男老师。
Wǒ yǒu hěn duō nán lǎo shī

我有很多女老师。
Wǒ yǒu hěn duō nǚ lǎo shī

我有很多男老师、女老师。
Wǒ yǒu hěn duō nán lǎo shī nǚ lǎo shī

我有很多男老师和女老师。
Wǒ yǒu hěn duō nán lǎo shī hé nǚ lǎo shī

练习
Liàn xí

어떻게 다른가요?

多 ↔ 少
duō shǎo

很多 ↔ 很少
hěn duō hěn shǎo

不少 ↔ 不太少
bù shǎo bú tài shǎo

不多 ↔ 不太多
bù duō bú tài duō

有很多 ↔ 没有很多
yǒu hěn duō méi yǒu hěn duō

다음 글자들을 순서대로 맞춰보세요.

㊀ 你，女，很多，有，朋友，吗
nǐ　nǚ　hěn duō　yǒu　péng you　ma

➡ ______________________________

(당신은 매우 많은 여자친구가 있습니까?)

㊁ 我，不少，有，同学，男
wǒ　bù shǎo　yǒu　tóng xué　nán

➡ ______________________________

(나는 적지 않은 남자 학우가 있습니다)

㊂ 我，妹妹，很多，没有
wǒ　mèi mei　hěn duō　méi yǒu

➡ ______________________________

(나는 매우 많은 여동생이 없습니다)

다음 글자들을 맞는 그림에 담아보세요.

很多　　很少　　不太多
hěn duō　hěn shǎo　bú tài duō

묻고 대답해보세요.

你有很多哥哥吗？ ➡ ________
Nǐ yǒu hěn duō gē ge ma

你有很多姐姐吗？ ➡ ________
Nǐ yǒu hěn duō jiě jie ma

你有很多弟弟吗？ ➡ ________
Nǐ yǒu hěn duō dì di ma

你有很多妹妹吗？ ➡ ________
Nǐ yǒu hěn duō mèi mei ma

綜合練習 (종합연습)

你们好!我是小华。我叫王小华。我十二岁了。我家有七口人：爸爸、
Nǐ men hǎo Wǒ shì Xiǎo huá Wǒ jiào wáng xiǎo huá Wǒ shí èr suì le Wǒ jiā yǒu qī kǒu rén bà ba

妈妈、大哥、小哥、大姐、妹妹和我。
mā ma dà gē xiǎo gē dà jiě mèi mei hé wǒ

我大哥二十二岁， 我小哥十九岁， 我大姐十八岁， 我妹妹十岁，
Wǒ dà gē èr shí èr suì wǒ xiǎo gē shí jiǔ suì wǒ dà jiě shí bā suì wǒ mèi mei shí suì

我爸爸五十岁， 我妈妈四十四岁。我有爷爷和奶奶。我也有外公和外
wǒ bà ba wǔ shí suì wǒ mā ma sì shí sì suì Wǒ yǒu yé ye hé nǎi nai Wǒ yě yǒu wài gōng hé wài

婆。我身体很好。我没有感冒。我有不少好朋友。我也有很多男同学和
pó Wǒ shēn tǐ hěn hǎo Wǒ méi yǒu gǎn mào Wǒ yǒu bù shǎo hǎo péng you Wǒ yě yǒu hěn duō nán tóng xué hé

女同学。
nǚ tóng xué

谢谢你们!
Xiè xie nǐ men

再见!再见了!
Zài jiàn Zài jiàn le

위 내용에 따라 대답해보세요

㈠ 小华家有几口人？
Xiǎo huá jiā yǒu jǐ kǒu rén

㈡ 小华大哥多大了？
Xiǎo huá dà gē duō dà le

㈢ 小华爸爸多大岁数了？
Xiǎo huá bà ba duō dà suì shu le

㈣ 小华有很多男同学和女同学吗？
Xiǎo huá yǒu hěn duō nán tóng xué hé nǚ tóng xué ma

㈤ 小华身体好吗？
Xiǎo huá shēn tǐ hǎo ma

㈥ 小华有外公和外婆吗？
Xiǎo huá yǒu wài gōng hé wài pó ma

박영종
충남대학교 인문대학 중어중문학과 교수

감서원
우송대학교 솔아시아 서비스융합대학 글로벌 듀얼디그리학부 중국학전공 교수

쉽게 배우는 중국어

초판 1쇄 발행 _ 2002년 2월 28일
2판 1쇄 발행 _ 2013년 8월 20일

저 자 · 박영종, 감서원
발행인 · 정 현 걸
발 행 · 신 아 사
인 쇄 · ㈜신안사
주 소 · 서울특별시 은평구 통일로 59길 4 2층(122-826)
전 화 · (02) 382-6411 팩 스 · (02) 382-6401
홈페이지 · www.shinasa.co.kr
E-mail · shinasa@daum.net
출판등록 · 1956년 1월 5일(제9-52호)

ISBN 978-89-8396-826-5(93720)

정가 *10,000* **원**